essentials

Essentials liefern aktuelles Wissen in konzentrierter Form. Die Essenz dessen, worauf es als „State-of-the-Art" in der gegenwärtigen Fachdiskussion oder in der Praxis ankommt, komplett mit Zusammenfassung und aktuellen Literaturhinweisen. Essentials informieren schnell, unkompliziert und verständlich

- als Einführung in ein aktuelles Thema aus Ihrem Fachgebiet
- als Einstieg in ein für Sie noch unbekanntes Themenfeld
- als Einblick, um zum Thema mitreden zu können.

Die Bücher in elektronischer und gedruckter Form bringen das Expertenwissen von Springer-Fachautoren kompakt zur Darstellung. Sie sind besonders für die Nutzung als eBook auf Tablet-PCs, eBook-Readern und Smartphones geeignet.

Essentials: Wissensbausteine aus Wirtschaft und Gesellschaft, Medizin, Psychologie und Gesundheitsberufen, Technik und Naturwissenschaften. Von renommierten Autoren der Verlagsmarken Springer Gabler, Springer VS, Springer Medizin, Springer Spektrum, Springer Vieweg und Springer Psychologie.

Jörg Hruby

Global Mindsets

Überblick und Bedeutung für Unternehmen und Organisationen

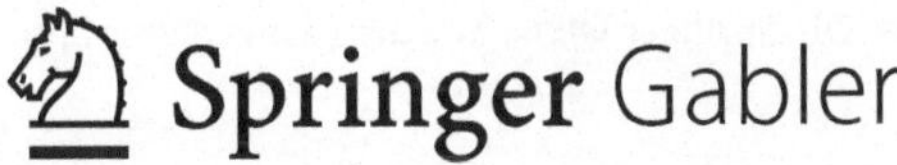

Dr. Jörg Hruby
FOM – Hochschule für Ökonomie und Management
Essen, Deutschland

ISSN 2197-6708 ISSN 2197-6716 (electronic)
ISBN 978-3-658-06051-0 ISBN 978-3-658-06052-7 (eBook)
DOI 10.1007/978-3-658-06052-7

Die Deutsche Nationalbibliothek verzeichnet diese Publikation in der Deutschen Nationalbibliografie; detaillierte bibliografische Daten sind im Internet über http://dnb.d-nb.de abrufbar.

Springer Gabler

Gedruckt auf säurefreiem und chlorfrei gebleichtem Papier

Springer Gabler ist eine Marke von Springer DE. Springer DE ist Teil der Fachverlagsgruppe Springer Science+Business Media
www.springer-gabler.de

Vorwort

Dieser Beitrag basiert auf dem Buch „Das Global Mindset von Managern“ von Jörg Hruby, erschienen 2013 im Verlag Springer Gabler. Es vermittelt einen Überblick zum Thema Global Mindset und präsentiert aktuelle empirische Forschungsstudien. Das Buch umfasst unter anderem 25 Experteninterviews mit Personalmanagern aus internationalen Unternehmen zu den Themen des Global Mindset und dessen Relevanz in der Praxis. Was dieses Essential auszeichnet, ist zum einen ein starker theoretischer Bezug und zum anderen die Darstellung der möglichen Implementierung und Kultivierung des Global Mindset für internationale Unternehmen. Des Weiteren werden Personalentwicklungsmaßnahmen zur Etablierung eines Global Mindset für Praktiker angeboten. Der vorliegende Beitrag ist gegenüber dem Buch stark verschlankt und konzentriert sich im Wesentlichen auf die Bedeutung von Global Mindset für Unternehmen im weltweiten „War for Talents“.

Inhaltsverzeichnis

Einleitung 1

1.1 Was ist ein Global Mindset?

Heutzutage sind viele Manager im Rahmen internationaler Aktivitäten und erhöhten Wettbewerbsdrucks gefordert, eine neue Einstellung und Denkweise zu entwickeln, die als globale Orientierung bzw. hier als „*Global Mindset*" bezeichnet wird. Diese globale Perspektive betrifft sowohl einzelne Manager als auch die Organisation im Gesamten. Das heißt, es kann sowohl der einzelne Manager als auch ein ganzes Unternehmen ein sogenanntes Global Mindset besitzen bzw. entwickeln.

Nachfolgendes Zitat von Jeannet soll den schwierigen Zusammenhang verdeutlichen. „Die globale Perspektive ist nicht nur erforderlich, weil dringend neue Informationen oder mehr Daten gesammelt werden müssen. Vielmehr verlangt die Komplexität der Wettbewerbskräfte von den Managern, sich Kenntnisse und Erfahrungen anzueignen, die den bestehenden konzeptuellen Rahmen der Managementtätigkeiten sprengen. Er wurde ursprünglich für eine Umwelt konzipiert, deren Grenzen sich mit denen eines einzelnen Landes deckten."

Javidan et al. beziehen das Global Mindset ebenso auf individuelle Einstellungen, Fähigkeiten, Kompetenzen und Verhalten wie auf organisatorische Orientierungen, Strukturen, Strategien, politische Empfehlungen und Praxisempfehlungen, egal ob global oder transnational.

Was ein Global Mindset ist, wird in Abb. 1.1 verdeutlicht.

Abbildung 1.1 verdeutlicht, dass ein Global Mindset die Offenheit gegenüber verschiedenen Kulturen, die Kenntnis der Unterschiede sowie auch die Fähigkeit, mit diesen Unterschieden umzugehen, kombiniert. Fehlt eine dieser drei Eigenschaften, herrscht ein Mangel an Global Mindset.

J. Hruby, *Global Mindsets*, essentials,
DOI 10.1007/978-3-658-06052-7_1, © Springer Fachmedien Wiesbaden 2014

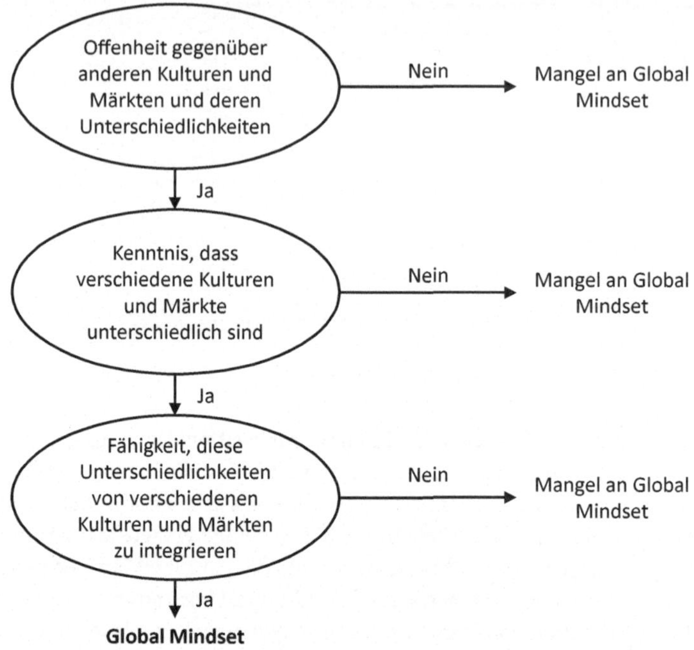

Abb. 1.1 Was ist ein Global Mindset? (Gupta et al. 2008)

1.2 Definitionen von Global Mindset

In der Literatur gibt es keine einheitliche Definition, sondern verschiedene vage Definitionen von Global Mindset. Levy et al. stellen in ihrer Studie fest, dass der Begriff des „Global Mindset" als „mehrdeutig" beschrieben wird und dadurch auch widersprüchliche empirische Erkenntnisse hervorgebracht hat. In Tab. 1.1 finden sich verschiedene Definitionen aufgelistet. Dabei wird auch unterschieden, ob sich diese Definitionen – in ihrer Originalsprache – auf die *Individualebene bzw. Managerebene* oder auf die gesamte *Organisation* bzw. Unternehmung beziehen.

Ein *Global Mindset* wird im Folgenden als *die kognitive Fähigkeit, die vielen unterschiedlichen Kulturen zu verstehen und diese miteinander zu verbinden,* definiert. Eine Person mit einem Global Mindset hat nach Kefalas die Fähigkeit, etwas im lokalen Kontext global zu verstehen und globale Strategien an die Bedürfnisse des lokalen Umfelds anzupassen. Auch Murtha et al., Begley und Boyd sowie Arora et al.

Tab. 1.1 Definitionen von Global Mindset nach Ebenen

A Global Mindset means that we scan the world from a broad perspective, always looking for unexpected trends and opportunities to achieve our personal, professional, or organizational objectives. It embraces complexity, diversity, ambiguity and unpredictability.	Rhinesmith 1992	*Individuelle* Ebene
A Global Mindset as a way of approaching the world and a tendency to scan from a broader perspective. It includes elements of curiosity, flexibility, continuous improvement, faith, awareness of diversity, and acceptance of complexity, diversity and uncertainty.	Srinivas 1995	*Individuelle* Ebene
Tendency to scan the world from a broad perspective, always looking for threats or opportunities. Involves conceptualization (thinking and perceiving globally) and contextualization (adapting actions to local contexts).	Kefalas 1998	*Individuelle* Ebene
Combines an openness to/awareness of diversity across cultures and markets with a propensity and ability to synthesize across this diversity. GMs involve knowledge structures with great diversity combined with an ability to integrate diverse viewpoints.	Gupta und Govindarajan 2002	*Individuelle* Ebene
Openness and awareness of cultural diversity and the ability to adjust to different environments and cultures.	Nummela et al. 2004	*Individuelle* Ebene
Global Mindset is the ability to influence individuals, groups, organizations, and systems that have different intellectual, social, and psychological knowledge or intelligence from your own. It is now: think and act both globally and locally at the same time.	Cohen 2010	*Individuelle* Ebene
The Global Mindset is defined as a state of mind able to understand a business, an industry sector, or a particular market on a global basis.	Jeannet 2000	*Organisationale* Ebene

Tab. 1.1 (Fortsetzung)

Ability to develop and interpret criteria for business performance that are not dependent on the assumptions of a single context and to implement those criteria appropriately in different contexts. Balancing global consistency with local responsiveness.	Begley und Boyd 2003	*Organisationale* Ebene
Do not define Global Mindsets, but discuss transnational organizations. These organizations are committed to competitiveness, flexibility and learning on a global scale.	Bartlett und Ghoshal 1989	*Organisationale* Ebene
Balancing national responsiveness and global integration simultaneously rather than trading one off against the other.	Murtha et al. 1998	*Organisationale* Ebene

sprechen von der Balance zwischen globaler Integration und lokaler Anwendung. Hier kommt dem Satz „think global act local" eine gewisse Bedeutung zuteil. Daraus lässt sich ableiten, dass Individuen mit einem Global Mindset in ihrer Grundhaltung Neuem gegenüber aufgeschlossen sind. Global Mindset bedeutet, dass wir die Welt aus einer weiten Perspektive betrachten, immer mit dem Ziel vor Augen, unerwartete Trends und Möglichkeiten aufzuspüren, um persönliche, berufliche oder organisatorische Ziele zu erreichen.

Levy et al. beschreiben in ihrer Überblicksstudie Personen, die ein Global Mindset besitzen, als *Kosmopoliten* mit einer breiten Sichtweise beim Bearbeiten internationaler Wirtschaftsaktivitäten, die über ihr engeres Umfeld hinausgeht und sich durch eine Grundhaltung der Toleranz gegenüber „anderem" auszeichnen. Kosmopolitismus ist die Anerkennung einer Person in ihrem Anderssein. Menschen mit einem Global Mindset haben einen hohen Grad an Neugierde und Interesse für fremde Kulturen sowie das Wissen um unterschiedliche Werte und Wertdimensionen. Ein Global Mindset erscheint also notwendig, um die Komplexität einer vernetzten Welt zu begreifen. Das heißt, ein Kosmopolit wird als ein „Weltbürger" definiert, ausgestattet mit der Fähigkeit, gleichzeitig global und ortsgebunden zu leben. Ein Kosmopolit ist offen, um andere kulturelle Systeme wahrzunehmen, vergisst dabei aber nicht seine eigenen kulturellen Einstellungen. Er kann zwischen dem Bekannten und dem Fremden vermitteln.

Personen mit einem Global Mindset verfügen über ein hohes Maß an *kognitiver Komplexität*. Der Grad der Differenzierung, der Gliederung und der gleichzeitigen Integration in einem Mindset spiegelt sich in der Komplexität der Kognition wieder. Besteht ein Mindset aus einer großen Anzahl präzise artikulierter und gut inte-

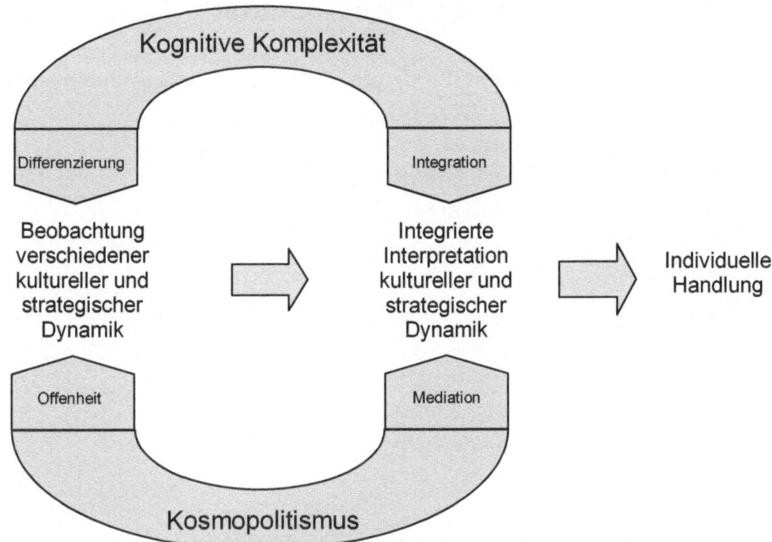

Abb. 1.2 Informationsverarbeitungsmodell des Global Mindset nach Levy et al. (2007)

grierter Elemente, gilt es als relativ komplex. Eine Person muss jedoch ausreichend Wissen besitzen, um überhaupt eine komplexe Repräsentation des Informationsbereichs zu formen. Somit zeichnet sich kognitive Komplexität nicht nur durch eine gewisse Struktur, sondern auch durch ausreichendes Wissen aus. Forschungen an kognitiver Komplexität haben ergeben, dass Individuen mit einer relativen komplexen Kognition eine bessere Informationsverarbeitungsfähigkeit besitzen. Kognitiv komplexe Personen suchen nach umfangreicheren und neueren Informationen, verbringen mehr Zeit damit, diese Informationen zu interpretieren, nehmen eine größere Anzahl an Dimensionen wahr und besitzen und verwenden gleichzeitig mehrere konkurrierende und komplementäre Interpretationen.

Im multinationalen Kontext wird kognitive Komplexität benötigt, um gleichzeitig die meist widersprüchlichen Anforderungen für *globale Integration und lokale Anpassung* zu vereinbaren. Außerdem wird komplexe Kognition mit der Fähigkeit, Probleme neu zu definieren und Widersprüche auszugleichen, der Toleranz von Unsicherheiten sowie mit der Berücksichtigung verschiedener Gesichtspunkte in Verbindung gebracht. Kognitive Komplexität ist demnach verbunden mit der Kapazität, zwischen Widersprüchen, Ambiguitäten und Trade-offs zu balancieren, und der Fähigkeit, Dualitäten, auch paradoxer Art, zu managen. Abbildung 1.2 zeigt das Informationsverarbeitungsmodell von Levy et al.

1.3 Kerneigenschaften des Global Mindset

In Tab. 1.2 werden die vielfältigen Kerneigenschaften des Global Mindset aufgelistet.

Tab. 1.2 eigene Darstellung der Kerneigenschaften des Global Mindset

1	Selbstvertrauen, Selbstbewusstsein
2	Optimismus
3	Belastbarkeit
4	Neugierde
5	Anpassungsfähigkeit
6	Flexibilität
7	Angstfreiheit
8	Abenteuerlust
9	Risikofreudigkeit
10	Kooperationsfähigkeit
11	Verlangen, über andere Kulturen und über Teile der Welt etwas Neues zu lernen
12	Verständnis der globalen Geschäftswelt und Industrie
13	Verständnis der politischen und ökonomischen Systeme in anderen Teilen der Welt
14	Kenntnis und Verständnis von Aufbau und Abwicklung globaler Allianzen
15	Verständnis von Partnerschaften und Mehrwertnetzen
16	Fähigkeit, die Spannungen zwischen Unternehmensbedürfnissen und lokalen Herausforderungen zu handhaben
17	Wissen, wie man solche Spannungen erfolgreich löst
18	Verständnis für andere Kulturen und deren Geschichte
19	Respektieren kultureller Unterschiede
20	Verständnis für kulturelle Ähnlichkeiten
21	Kenntnis anderer Sprachen
22	Bereitschaft, in anderen Zeitzonen und anderen Distanzen zu arbeiten
23	Bereitschaft, sich aus unterschiedlichen Kulturen kommenden Urteilen vorübergehend auszusetzen
24	Lernen aus Leidenschaft für das Leben in anderen Kulturen
25	Positive Einstellung gegenüber Menschen aus unterschiedlichen Kulturen
26	Offenheit gegenüber kultureller Diversität
27	Verständnis für das unterschiedliche Verhalten von Personen aus anderen Kulturräumen
28	Bereitschaft, gute Ideen zu akzeptieren, egal wo diese herkommen

Tab. 1.2 (Fortsetzung)

29	Anerkennung der Validität von verschiedenen Ansichten
30	Bereitschaft, sich an andere Kulturen anzupassen, von ihnen zu lernen und sie zu verinnerlichen
31	Fähigkeit, Menschen aus anderen Teilen der Welt miteinander zu vernetzen
32	Fähigkeit, das eigene Verhalten den unterschiedlichen kulturellen Gegebenheiten anzupassen
33	Fähigkeit, komplexe interkulturelle Angelegenheiten abzuwickeln
34	Wissen um das Verhalten von Menschen, die nicht in der Lage sind, komplexe Situationen zu meistern
35	FFaFähigkeit, eine positive gemeinsame Energie in Menschen aus verschiedenen Teilen der der Welt zu entfachen

Entwicklungsgeschichte des Global Mindset 2

Viele Studien definieren das *Global Mindset* als eine Sichtweise *von Managern*, die auf der Grundlage ihrer Kenntnis der Internationalisierung bzw. Globalisierung eine entsprechende Kognitionsstruktur bzw. ein Mindset entwickelt haben. Dieses Mindset beinhaltet keine objektive Aussage über die Beschaffenheit der Welt, sondern ist eine (subjektive) Abbildung der Wirklichkeit unter vielen.

Das Phänomen des Global Mindset reicht zurück bis in die frühen 60er Jahre und wurde durch Aharoni und Kindleberger geprägt, die den Begriff der „kognitiven Fähigkeiten" von Senior Managern einführten. Sie verstanden darunter, dass Manager eine Art „Schema im Kopf" haben, wie die Welt zu verstehen sei. Perlmutter war der Erste, der den Gedanken des Global Mindset unter dem Begriff „Geocentric Mindset" 1969 in die Literatur einführte. Im Speziellen richtete er seine Aufmerksamkeit auf die Kognition von Managern, indem er das Mindset-Konstrukt von Managern im Rahmen einer *Typologie von multinationalen Unternehmen* einsetzte. In seiner Arbeit beschreibt er detailliert drei verschiedene Führungskonzepte:

- das ethnozentrische (Orientierung am Heimatland) Führungskonzept,
- das polyzentrische (Orientierung am Gastland) Führungskonzept und
- das geozentrische (Weltorientierung) Führungskonzept.

Perlmutter erkannte schon damals die Bedeutung der Einstellung eines Managers, da die persönliche Einstellung wiederum unterschiedliche Führungsstile und Entscheidungen zur Folge hat. Manager mit einer *ethnozentrischen* Denkweise halten sich an die Kultur und die Werte des Heimatlandes. Die eigenen Überzeugungen und Ideen stehen über denen aus anderen Ländern. Die ethnozentrische Managementperspektive ist effektiv in Bereichen, in denen ein hoher Grad an Standardisierung der Tätigkeiten, Prozesse und Technologien rund um die Welt notwendig ist.

J. Hruby, *Global Mindsets*, essentials,
DOI 10.1007/978-3-658-06052-7_2, © Springer Fachmedien Wiesbaden 2014

Manager mit einer *polyzentrischen* Denkweise können sich gut an kulturelle Unterschiede zwischen Heimatmarkt und Zielmarkt anpassen und diese rasch überwinden. Sie handeln nach der Devise: „*Wenn du in Rom bist, mach es wie die Römer.*“ Eine polyzentrische Perspektive empfiehlt sich, wenn eine hohe Sensibilität für lokale Märkte gefordert ist.

Die Beschreibung des *geozentrischen* Führungskonzepts ist eine der ersten Beschreibungen eines Global Mindset. Gemäß Kedia und Mukherji verfolgt der geozentrische Ansatz eine transnationale Unternehmensstrategie und Denkstruktur, bei der ein Global Mindset von großer Bedeutung ist.

Manager mit einer geozentrischen Denkweise sind effizient darin, Gruppen aus verschiedenen Kulturen zusammenzubringen, um ein gemeinsames Ziel zu erreichen. Sie sehen die Welt als einen großen Marktplatz und kulturelle Unterschiede stellen für sie keine Hürden dar. Der geozentrische Ansatz ist besonders wichtig für Unternehmen und Manager, die auf globalem Level tätig sind, um Gemeinsamkeiten verschiedener Kulturen zu erkennen und verschiedene Ansätze zu integrieren. Perlmutter beschreibt im geozentrischen Führungskonzept, dass Mitarbeiter nicht aufgrund ihrer geografischen Herkunft ausgewählt werden, sondern nach ihrer Kompetenz. Im Gegensatz zum ethnozentrischen oder polyzentrischen Führungsstil, wo entweder bevorzugt Personen aus dem Heimatland oder aus dem Gastland ausgesucht werden, betrachtet man beim geozentrischen Führungskonzept die Welt als ein „Ganzes“. Mit der geozentrischen Managementperspektive ist eine Unternehmenskultur gekennzeichnet, die keiner einzelnen Nationalkultur verpflichtet ist und dies auch an ihren unterschiedlichen Standorten in verschiedenen Ländern durchhält. Insgesamt kommen gute Ideen aus irgendeinem Land und werden an irgendein anderes Land, in dem das Unternehmen vertreten ist, weitergegeben.

In diesem Beitrag wird davon ausgegangen, dass internationaler Erfolg davon abhängt, wie die Orientierung eines Managers mit dem Typ der Organisation, für die er arbeitet, zusammenpasst.

Eine *transnationale Organisation* erfordert die Fähigkeit, mit verschiedenen Perspektiven umzugehen, Komplexität zu managen und Bindungen mit verschiedenen Kulturen aufzubauen. Je weiter das Unternehmen in seiner organisationalen Entwicklung ist, desto wichtiger sind Manager mit einem Global Mindset, um das Unternehmen zu internationalem Erfolg zu führen.

Heenan und Perlmutter fügen später noch das *regiozentrische* Führungskonzept hinzu, das eine regionale Orientierung beschreibt. Perlmutters Darstellung der Entwicklung von einem ethnozentrischen zu einem geozentrischen Führungsstil ist die Grundlage vieler weiterer Forschungen im Bereich Global Mindset. In Abb. 2.1 werden die drei Hauptmanagementperspektiven und die organisationale

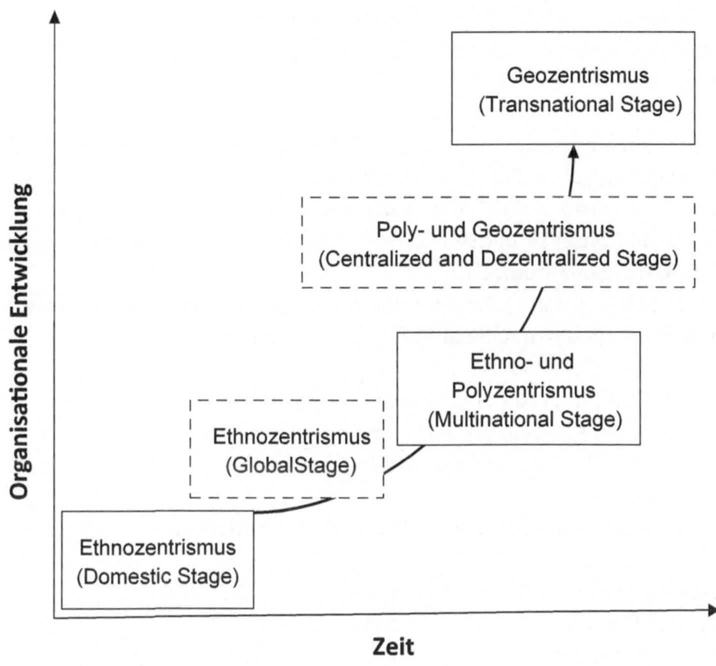

Abb. 2.1 Global Mindset und die organisationale Entwicklung. (Beaman 2004)

Entwicklung Perlmutters vom Ethnozentrismus hin zum Geozentrismus über die Zeit angeführt.

Aufbauend auf dem Konzept von Perlmutter arbeiten Bartlett und Ghoshal bspw. mit der Idee des geozentrischen Führungskonzepts und entwickelten ein *„Transnational" Mindset*. Ein Unternehmen mit einem Transnational Mindset versucht, möglichst global integriert und gleichzeitig lokal angepasst zu sein. Andere konzeptionelle Phrasen wie z. B. *„Transnational Mentality"* und *„Multinational Mindset"* haben ebenfalls ihren Einzug in akademische wie Populärpresse gehalten.

Ein weiterer bedeutender Autor zum Thema Global Mindset ist Rhinesmith, der der Meinung ist, dass eine Person mit einem Global Mindset

- ein umfassenderes Bild der Welt anstrebt,
- das Leben in seinen Widersprüchlichkeiten und Unvorhersehbarkeiten akzeptiert,
- eher Prozessen als Strukturen in einem Unternehmen vertraut,

- Diversität schätzt und mit Unsicherheit umgehen kann.
- nach unerwarteten Trends und Möglichkeiten sucht, um persönliche, berufliche und unternehmerische Ziele zu erreichen.

D. h., Individuen mit einem Global Mindset fühlen sich wohl mit Unsicherheiten und Überraschungen und öffnen sich Anderen gegenüber. Rhinesmith beschreibt ein Mindset als einen „Filter", durch den wir die Welt wahrnehmen. Jemand mit einem Global Mindset kann demnach mit *Komplexität, Vielfältigkeit, Ungewissheit und Unberechenbarkeit* umgehen.

Srinivas beschreibt acht Bestandteile, aus dem ein Global Mindset besteht und die eine Person mit einem Global Mindset besitzen sollte:

- Neugierde und Interesse am Kontext
- Akzeptanz von Komplexität und ihren Widersprüchen
- Bewusstsein, dass es Diversität gibt, sowie das Einfühlvermögen, damit umzugehen
- Fertigkeit, in überraschenden und ungewissen Situationen immer Chancen zu erblicken
- Vertrauen in unternehmerische Prozesse
- Fokus auf fortlaufende Verbesserungen
- Langfristige Sichtweise
- Systemdenken (Wahrnehmung von gegenseitigen Abhängigkeiten und Ursache-Wirkungs-Mechanismen)

In einer vielfach zitierten Studie von Gupta und Govindarajan wird Global Mindset als ein kognitiver Filter bezeichnet, durch den wir unsere Welt wahrnehmen und dieser Sinn verleihen. Eine Person besitzt ein Global Mindset, wenn sie bewusst und offen mit Unterschieden von Kulturen und Märkten umgeht. Gupta und Govindarajan sind der Auffassung, das ein Global Mindset auf einer komplexen Kognitionsstruktur basiert, die auf Differenzierungsfähigkeit und Integrationsfähigkeit basiert.

Differenzierung beschreibt dabei die Enge bzw. Breite des Wissensspektrums, das eine Einzelperson oder eine Organisation in einem bestimmten Zusammenhang aufweist. Differenzierung wird hier weiter als die Offenheit gegenüber unterschiedlichen Kulturen und Märkten beschrieben. Die Bandbreite geht dabei vom fachlichen „*Tunnelblick*" (niedrige Differenzierung) bis hin zu einer hoch differenzierten Kognitionsstruktur.

Integration hingegen bezieht sich auf das Ausmaß, in dem eine Person oder eine Organisation die Fähigkeit besitzt, den Überblick zu bewahren und verschie-

Tab. 2.1 Verschiedene Mindsets des Managements in Anlehnung an Paul (2000)

Parochial Mindset	Global Mindset
Fokus auf nationale Märkte und lokale Trends	Fokus auf den Gesamtzusammenhang und auf Veränderungen in der Unternehmensumwelt
Nachdruck auf Headquarter-Kontrolle und hierarchische Organisationsstrukturen	Starkes Vertrauen in Vision und Organisationsprozesse
Limitierte internationale Kooperationen	Hoher Wert von multikulturellen Teams
Diversität wird als Bedrohung zu uniformen Strategien gesehen	Diversität wird als Quelle von Gelegenheiten gesehen
Feststecken in existierenden Paradigmen, Schwierigkeiten in der Begegnung mit Veränderung	Permanentes Reflektieren der eigenen Erfahrungen und Annahmen; Offenheit für Veränderung

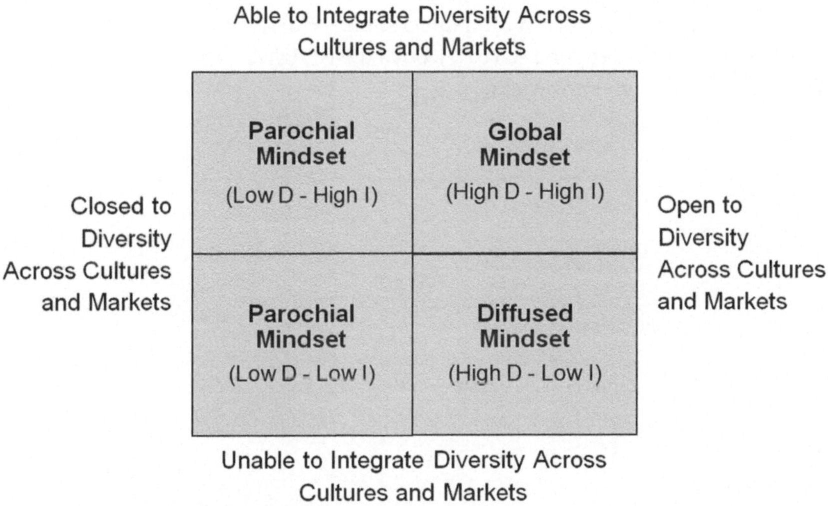

Abb. 2.2 Global Mindset in Anlehnung an Gupta et al. (2008)

dene Perspektiven oder Informationen miteinander zu verflechten bzw. diese zu integrieren. Integration wird demgemäß als die Fähigkeit einer Person oder eines Unternehmens beschrieben, einen Überblick über unterschiedliche Kulturen und Märkte zu bewahren und vielfältige Informationen und Perspektiven, die daraus entstehen, zu verknüpfen bzw. zu integrieren. Dies ist bei niedriger Differenzierung nicht der Fall, da hier eine Vielfalt der Perspektiven ohnehin nicht vorliegt.

Menschen mit einem *diffusen Mindset* weisen ein hohes Maß an Differenzierung auf, verbunden mit einer nur geringen Fähigkeit, die unterschiedlichen Aspekte zu verknüpfen und zu integrieren. Individuen, die zwar einen hohen Wert im Bereich der Integration vorweisen, aber über einen niedrigen Wert im Bereich der Differenzierung verfügen, haben ein sogenanntes *„Parochial Mindset"*, also eine „engstirnige" bzw. „beschränkte" Kognitionsstruktur (Mindset).

Die Unterschiede zwischen diesem Global Mindset und einem eingeschränkten „Parochial Mindset" sind in Tab. 2.1 einander gegenübergestellt.

In diesem Kontext stellt sich Global Mindset als ein sowohl hoch differenzierendes als auch hoch integrierendes Mindset dar. Diese zuvor behandelte Einteilung wird auch noch einmal in Abb. 2.2 zusammengefasst dargestellt.

Personen etwa, die ständig ihre Meinung ändern, da sie von zuletzt gehörten anderen Meinungen stark beeinflusst werden, besitzen zwar ein hohes Maß an Differenzierung, jedoch eine niedrige Integration des Mindset. Im Vergleich dazu besitzt eine Person ein hohes Maß an Integration, wenn sie zwar die Verschiedenheit von Meinungen anstrebt und schätzt, jedoch die Fähigkeit besitzt, eine einheitliche Perspektive daraus zu entwickeln.

3 Bedeutung des Global Mindset für Unternehmen

In der heutigen dynamischen Geschäftswelt müssen Manager in der Lage sein, mit einer Fülle sowie unterschiedlichen Graden an Mehrdeutigkeit und Diversität umzugehen. Des Weiteren müssen Manager das geeignete Wissen über verschiedene soziokulturelle Systeme und Institutionen besitzen und dabei vor allem über die intellektuelle Kapazität verfügen, die hohen Komplexitätsgrade zu absorbieren. Es braucht Manager, die fähig sind, mit Mitarbeitern aus anderen kulturellen Regionen effektiv zusammenzuarbeiten, die nachhaltige vertrauensvolle Beziehungen mit Individuen, Gruppen und Organisationen in verschiedenen Ländern sicherstellen und so das eigene Unternehmen mit globaler Ambition etablieren. Um global wettbewerbsfähig zu sein, müssen globale Manager mit großer „Offenheit" ein Globales Mindset aufbauen, fördern und entwickeln.

- Das Global Mindset stellt folglich eine Schlüsselrolle für einen *Langzeitwettbewerbsvorteil* für globale Akteure dar.

Die Bedeutung eines globalen Mindset ergibt sich aus dem zunehmenden Druck, dem Unternehmen aufgrund der Globalisierung ausgesetzt sind.

- Es wird angenommen, dass ein Global Mindset mit *(strategischem) Erfolg* korreliert, egal ob in multinationalen Unternehmen oder KMU.

In diesem Sinne behaupten Gupta und Govindarajan, dass die erfolgreiche Ausschöpfung von Chancen und die Bewältigung von Herausforderungen davon abhängt, wie intelligent eine Organisation in der Beobachtung und Interpretation der dynamischen Welt vorgeht, in der es operiert. Sie argumentieren, dass das Schaffen eines Global Mindset eine der zentralen Zutaten ist, um eine solche „Intelligenz" aufzubauen.

J. Hruby, *Global Mindsets*, essentials,
DOI 10.1007/978-3-658-06052-7_3, © Springer Fachmedien Wiesbaden 2014

- Individuen sollten grenzüberschreitende und interkulturelle Wege des Denkens entwickeln, um gleichzeitig globale Effizienz und lokale Anpassung zu integrieren.
- Des Weiteren führt ein Global Mindset zur erfolgreichen Internationalisierung,
- beeinflusst positiv das Unternehmensergebnis,
- beeinflusst die Firmenleistung und
- ist eine Grundvoraussetzung für frühe Internationalisierung des Unternehmens.

Darüber hinaus befähigt das Global Mindset ein Unternehmen bzw. dessen Manager,

- Chancen zu entdecken, wenn Gelegenheiten sich auftun, und die Best Practices in der Umwelt zu erkennen,
- schnelleren Austausch von Informationen über die Grenzen hinweg,
- Markteinführung der Produkte in kürzerer Zeit,
- die Konvergenz von lokalen Anpassungen und globaler Standardisierung herzustellen,
- das Risikoverhalten zu verbessern.
  - Insgesamt gilt das Global Mindset als ein kritischer Erfolgsfaktor für globale Unternehmen.

Das Global Mindset stellt somit einen Erfolgsfaktor für die globalisierte Welt dar, die globale Lösungen, globale Sichtweisen und eine Strategie benötigt, welche über die eigentlichen Landesgrenzen hinausgehen. Das globale Mindset umfasst eine Fülle an Attributen, die dazu beitragen, dass globale Führungskräfte und Manager ihren Job erfolgreich ausführen, um Andere (Mitarbeiter) zu motivieren, deren Kultur sich von der eigenen unterscheidet.

Das Global Mindset hat in Anlehnung an Govindarajan und Gupta entscheidende Vorteile für die globale Unternehmung:

- „Early mover advantage" im Identifizieren sich bietender Gelegenheiten
- Schnelleres Ausrollen neuer Produktkonzepte und Technologien
- Schnelleres und effizienteres Teilen der Best Practices über einzelne Niederlassungen hinweg
- Niedrigere Fehlerrate in Expatriate Assignments.

Analyse des Global Mindset auf Unternehmensebene

4

Da organisationales Global Mindset oftmals als die Summe aller Mindsets einer Organisation gilt, werden die Mindsets aggregiert. Will man Global Mindset innerhalb eines Unternehmens fördern, muss Begley und Boyd zufolge jedoch zunächst ein Bewusstsein über das aktuelle Mindset geschaffen werden, um eventuelle „blinde Bereiche bzw. Flecken" zu eliminieren.

Um den Grad des organisationalen Global Mindset zu messen, werden in der Literatur halbstrukturierte Interviews und qualitative Inhaltsanalyse verwendet. Auf organisationaler Ebene wiederum werden Angaben zur Wahrnehmung der mit der Globalisierung verbundenen organisationalen Richtlinien und Methoden gemacht bzw. entwickelt. Paul verwendet für seine Analyse auf Unternehmensebene kulturelle Diversität und den Grad an strategischer Kohäsion als Hauptkonstrukte. Ebenso kann das Global Mindset durch die Einstellung des Top-Managers gegenüber der Internationalisierung gemessen werden.

Gupta und Govindarajan verwenden in ihrer vielfach zitierten Studie „wahrgenommene Daten" („perceptual data") über globalisierungsbezogene Unternehmenspolitik und -methoden. Sie formulieren acht Diagnosefragen für Organisationen, um festzustellen, ob bzw. in welchem Maß sie ein Global Mindset besitzen:

> Zählen Sie Ihr Unternehmen zu den führenden Unternehmen ihrer Branche, wenn es darum geht, neue Möglichkeiten, die in den neuen Märkten entstehen, zu finden bzw. zu verfolgen?
> Sind für Sie alle Kunden, unabhängig von ihrer Herkunft, gleich wichtig?
> Beziehen Sie Ihre Mitarbeiter aus einem weltweiten Talente-Pool?
> Haben die Mitarbeiter, unabhängig ihrer Herkunft, die gleichen Möglichkeiten um die höchste Stufe der Karriereleiter zu erreichen?

J. Hruby, *Global Mindsets*, essentials,
DOI 10.1007/978-3-658-06052-7_4, © Springer Fachmedien Wiesbaden 2014

Betrachten Sie sämtliche Wirtschaftsregionen der Welt, wenn Sie potenzielle Mitbewerber identifizieren wollen?
Versuchen Sie ihre Auswahl für einen neuen Standort auf einer globalen Basis zu treffen?
Ist für Sie die globale Welt nicht bloß ein Markt, der ausgeschöpft werden soll, sondern auch eine Quelle für neue Ideen und Technologien?
Empfinden Sie, dass Ihr Unternehmen eher viele ‚Heimaten' hat oder sehen Sie Ihr Unternehmen als eines an, das eine starke nationale Identität besitzt?

Diese Fragen können anhand einer 5-stufigen Likert-Skala ausgewertet werden.

In ähnlicher Weise beschäftigt sich Jeannet mit einem Leitfaden, um die innovativsten Ansätze im internationalen Management für das eigene Unternehmen umzusetzen. Der Autor entwickelt ein *Diagnoseinstrument* mit dem ein Unternehmen feststellen kann, inwieweit es ein Global Mindset einnimmt. Es handelt sich hierbei um eine „*Selbsteinschätzung*". Das Diagnoseinstrument besteht aus Fragen, die in drei Gruppen unterteilt werden. Damit sollen die strategische Situation und das Managerreservoir eines Unternehmens sowie die globalen Qualitäten dieser Manager eingestuft werden. Dadurch erhält ein Unternehmen Aufschluss über den momentanen Status seines Global Mindset. Die Bewertung der Fragen soll anhand von Prozentangaben, in Stufen von 0, 25, 50, 75 und 100, erfolgen. Wenn sich ein Unternehmen 100 % gibt, bedeutet dies, dass es die Kriterien einer Frage vollständig erfüllt. 0 % bedeutet, dass eine bestimmte Eigenschaft gar nicht vorhanden ist. Nachfolgend werden die 3 Gruppen in Anlehnung an Jeannet näher betrachtet:

a. **Strategien für die Unternehmensbereiche**

Diese Fragen richten sich an Unternehmen, die in unterschiedlichen Geschäftsfeldern tätig sind. Wenn sich ein Unternehmen auf ein Geschäft konzentrieren sollte, würden sich die Fragen auf einzelne Segmente, strategische Geschäftseinheiten oder Ergebniseinheiten beziehen. Jeannet formuliert folgende Fragen:

Wie viele Unternehmensbereiche sollten tatsächlich auf globaler Ebene tätig sein?

Die Beantwortung dieser Frage wird durch die Ausprägung der globalen Logik (das Vorhandensein eines Zwangs zur Globalisierung für ein Unternehmen) wesentlich beeinflusst.

Gibt es Unternehmensbereiche mit ausdrücklich globalen Mandaten?

Wenn ein Unternehmen eine ausgeprägte globale Grundhaltung besitzt, müssten alle Unternehmensbereiche, die zur Globalisierung gezwungen werden sollen, mit einem globalen Mandat ausgestattet sein. Dies stellt sicher, dass die Zentrale den Prozess steuert und öffentliche Ziele für jede ihrer Einheiten festlegen kann. All dies deutet auf ein hohes Global Mindset eines Unternehmens hin.

> Wie hoch ist das Geschäftsvolumen der Unternehmenseinheiten, die unter ausdrücklichen globalen Mandaten arbeiten?

Anhand dieser Frage soll ausgeschlossen werden, dass Unternehmen falsche Bereiche mit einem globalen Mandat ausstatten. Sollte ein Unternehmen einen hohen Anteil seines Geschäftsvolumens in Bereichen lukrieren, die mit einem globalen Mandat ausgestattet sind, wäre dies ein Indiz für ein ausgeprägtes Global Mindset.

> Wie viele Einheiten verfolgen eine formale globale Strategie?

Hier soll jedoch nicht nur die Verteilung von globalen Mandaten und die globale Logik betrachtet werden. Wenn ein Unternehmen tatsächlich eine globale Grundhaltung besitzt, hat es, zusätzlich zu den oben genannten Maßnahmen, formale Strategien entwickelt, schriftliche Pläne verfasst und klar dokumentierte Ziele festgelegt.

b. **Die Analyse des Reservoirs an Managementtalenten**

Neben einer globalen Strategie muss ein Unternehmen auch über Manager verfügen, die global denken. Um herauszufinden, ob diese vorhanden sind, formulierte Jeannet folgende Fragen:

> Wie viele Manager betrachten ihre Tätigkeit unter globalen Gesichtspunkten?

Sollte ein Unternehmen zwar global ausgerichtet sein, seine Führungskräfte aber eine nationale oder multinationale Perspektive haben, können globale Strategien nicht umgesetzt und somit ein Global Mindset nicht gefördert werden.

> Wie viele Manager auf der oberen Führungsebene handeln gemäß globalen Mandaten?

Eine hohe Zahl an verteilten globalen Mandaten ist ein Indiz für die ausgeprägte globale Perspektive eines Unternehmens.

Abb. 4.1 Fingerabdruck der globalen Perspektive bzw. des Global Mindset nach Jeannet (2000)

c. **Die Analyse der Organisation**

Die Organisation eines Unternehmens muss einem Global Mindset entsprechen. Andernfalls kann der maximale Effekt einer globalen Perspektive nicht genutzt werden. Die folgenden Fragen richten sich auf die Organisation eines Unternehmens.

Auf welcher Ebene ist die geografische Trennlinie in der Organisation zu erkennen?
Wie viele Funktionsmanager erfüllen globale Mandate?
Wie viele Teams oder Task Forces haben globale Mandate?
Welchen Umfang hat die globale Informationstechnologiestruktur?

Als nächstes stellt sich die Frage, wie ein organisationales Global Mindset dargestellt werden kann.

Anhand der oben behandelten Fragen wurde die Position des Unternehmens hinsichtlich des Global Mindset festgestellt. Jeannet entwickelte ein „*Spinnennetz*", das die Ausdehnung des Global Mindset eines Unternehmens darstellt. Um den Fortschritt in jeder Dimension darzustellen, muss man sich vom Mittelpunkt des Diagramms (keinerlei Globalisierung in der betreffenden Dimension) auf der entsprechenden Achse nach außen bewegen. Somit entsteht ein Fingerabdruck eines Unternehmens, der zeigt, inwieweit ein Unternehmen sein „globales Potenzial in Bezug auf Strategie, individuelle und Organisationsfähigkeiten nutzt". Die grafische Darstellung des Global Mindset erlaubt es nun, die Resultate auszuwerten und mit der Diagnose der globalen Strategie für einen gegebenen Unternehmensbereichs zu verknüpfen. Ein Unternehmen muss zunächst ein Global Mindset besitzen, d. h., es muss global denken können, bevor es eine globale Strategie verfolgt. Jeannet drückt dies wie folgt aus: „Die unternehmensumspannende globale Perspektive muss das Unternehmen in die Lage versetzen, jegliche globale Strategie umzusetzen."

Abbildung 4.1 zeigt, wie ein solches „Spinnennetz" aussehen kann und wo Unternehmen sich dann positionieren:

Implikationen für das Management 5

Die Entwicklung eines Global Mindset bei den Mitarbeitern und auf Unternehmensebene stellt für das Management eine große Herausforderung dar. Zunächst einmal kann anhand der Fragen im Kap. 4 eine Diagnose der eigenen Unternehmung vorgenommen werden. Insgesamt soll deutlich geworden sein, dass das Global Mindset der Mitarbeiter signifikant auf die globale Strategie des Unternehmens wirkt. Ananthram et al. betonen, neben anderen Autoren, die besondere Bedeutung des Global Mindset und dessen Kultivierung für den unternehmerischen globalen Erfolg. Des Weiteren weisen einige Studien darauf hin, dass das Besitzen eines hohen Levels an Global Mindset zu erhöhter organisatorischer Performance führt. Von daher ist es wichtig, dieses Thema weiter voranzutreiben.

J. Hruby, *Global Mindsets*, essentials,
DOI 10.1007/978-3-658-06052-7_5, © Springer Fachmedien Wiesbaden 2014

Literatur

Ananthram, S., Pearson, C., & Chatterjee, S. R. (2010). Do organizational reform measure impact on global mindset intensity of managers? *Journal of Chinese Economic and Foreign Trade Studies, 3*(2), 146–168.

Arora, A., Jaju, A., Kefalas, A., & Perenich, T. (2004). An exploratory analysis of global managerial mindsets: A case of US textile and apparel industry. *Journal of International Management, 10*(3), 393–411.

Bartlett, C. A., & Ghoshal, S. (2002). *Managing across borders: The transnational solution* (2. Aufl.). Boston: Havard Business School Press.

Beaman, K. (2004). Myths, mystiques, and mistakes in overseas assignments: The role of global mindset in international work. Jeitosa Group international: http://72.249.20.152/resources/karen_beaman/MythsMysticandMistakesRGM.pdf. Zugegriffen: 7. Juni 2011.

Begley, T. M., & Boyd, D. P. (2003). The need for a corporate global mind-set. *MIT Sloan Management Review, 44,* 25–32.

Cohen, S. (2010). Effective global leadership requires a global mindset. *Industrial and Commercial Training, 42*(1), 3–10.

Govindarajan, V., & Gupta, A. K. (2002). Cultivating a global mindset. *Academy of Management Executive, 16*(1), 116–125

Gupta, A. K., & Govindarajan, V. (2002). Cultivating a global mindset. In A. K. Gupta, V. Govindarajan, & H. Wang (Hrsg.), *Quest for a global dominance* (2. Aufl., S. 115–152). San Francisco: Jossey-Bass.

Gupta, A. K., Govindarajan, V., & Wang, H. (2008). *The quest for global dominance: Transforming global presence into global competitive advantage* (2. Aufl.). San Francisco: Wiley.

Heenan, D. A., & Perlmutter, H. V. (1979). *Multinational organization development.* Reading: Addison-Wesley.

Javidan, M., Hitt, M. A., & Steers, R. M. (2007). Advances in international management. In M. Javidan, M. A. Hitt, & R. M. Steers (Hrsg.), *The global mindset* (S. 11–48). Oxford: Elsevier.

Jeannet, J.-P. (2000). *Managing with a global mindset.* London: Financial Times.

Kedia, B., & Mukherji, A. (1999). Global managers: Developing a mindset for global competitiveness. *Journal of World Business, 34*(3), 230–251. EBSCOhost database: http://perm.fh-joanneum.at/han/32566/web.ebscohost.com/ehost/pdfviewer/pdfviewer?vid=6&hid=7&sid=23c445e7-338d-40ba-8fd0-fc9982e1d4ee%40sessionmgr12. Zugegriffen: 7. Juni 2011.

J. Hruby, *Global Mindsets,* essentials,
DOI 10.1007/978-3-658-06052-7,

Kefalas, A. G. (1998). Think globally, act locally. *Thunderbird International Business Review, 40*(6), 457–562.

Levy, O., Beechler, S., Taylor, S., & Boyacigiller, N. (2007a). What we talk about when we talk about „Global Mindset", managerial cognition in multinational corporations. http://research.sabanciuniv.edu: http://research.sabanciuniv.edu/215/1/stvkaf01911.pdf. Zugegriffen: 5. Mai 2011.

Levy, O., Taylor, S., Boyacilgiller, N. A., & Beechler, S. (2007b). Global mindset: A review and proposed extensions. In M. Javidan, R. M. Steers, & M. A. Hitt (Hrsg.), *Advances in international management, Vol. 19 the global mindset* (S. 11–48). Oxford: Elsevier.

Murtha, T., Lenway, S., & Bagozzi, R. (1998). Global mind-sets and cognitive shift in a complex multinational corporation. *Strategic Management Journal, 19*(2), 97–114.

Nummela, N., Saarenketo, S., & Puumalainen, K. (2004). Global mindset – a prerequisite for successful internationalisation? *Canadian Journal of Administrative Sciences, 21*(1), 51–64.

Paul, H. (2000). Creating a mindset. *Thunderbird International Business Review, 42*(2), 187–200.

Perlmutter, H. (1969). The tortuous evolution of the multinational corporation. http://perm.fh-joanneum.at/han/17160/content.ebscohost.com/pdf25_26/pdf/1969/CWB/01Jan69/5543148.pdf?T=P&P=AN&K=5543148&S=R&D=buh&EbscoContent=dGJyMMvl7ESeqLU4yOvsOLCmr0meprBSr6u4TLaWxWXS&ContentCustomer=dGJyMOzprkqvqrBQuePfgeyx44Dt6fIA. Zugegriffen: 27. Juni 2011.

Rhinesmith, S. (1992). Global mindset for global managers. *Training and Development, 46*(10), 63–69. EBSCOhost: http://perm.fh-joanneum.at/han/17895/web.ebscohost.com/ehost/pdfviewer/pdfviewer?vid=4&hid=10&sid=3103eb15-10b1-496e-8f86-61d3c2cad597%40sessionmgr15. Zugegriffen: 7. Juni 2011.

Srinivas, K. M. (1995). Globalization of business and the third world. *Journal of Management Development, 14*(3), 26–49.